Textes et recettes : *Anne-Cécile FICHAUX.*

Photographies et stylisme : *SAEP/Jean-Luc SYREN et Valérie WALTER.*

Graphisme : *Élisabeth CHARDIN.*

Coordination : *SAEP/Éric ZIPPER.*

Composition et photogravure : *SAEP/Arts Graphiques.*

Impression : *Union Européenne.*

CONCEPTION : SAEP CRÉATION - 68040 INGERSHEIM - COLMAR

Tiramisu
la crème des desserts

saep

Le tiramisu

Quel délice de plonger sa cuillère dans le tiramisu aérien et fondant de ma grand-mère... Ce mélange subtil de cacao et de café, atténué par la douceur de la crème !

C'est en cherchant à trouver le secret de sa recette que je me suis lancée dans une série d'essais qui au fur et à mesure m'ont amenée à introduire des ingrédients inhabituels pour un tiramisu. Ainsi est né le tiramisu au citron, par un jour de canicule ; le tiramisu à la crème de marrons, par un pluvieux après-midi d'hiver...

Forcément, mes tests ont parfois intrigué mes amis, mais force est de constater que, devant le tiramisu aux framboises et au pineau, ils se sont tous inclinés. Et quel succès a remporté le tiramisu à la nectarine et au citron vert !

Quant à mon amoureux, qui est encore plus gourmand que moi (si c'est possible), je n'ai pas eu besoin de le prier pour qu'il goûte tous mes essais. Il s'est dévoué corps et âme à la dégustation des variations infinies du tiramisu.

À votre tour maintenant de vous amuser, de vous régaler et d'épater vos amis.

Tiramisu mode d'emploi

Qu'est-ce qu'un tiramisu ?

De façon très simple, le tiramisu c'est une crème, un biscuit et un liquide dans lequel on imbibe le biscuit. À partir de cette règle, vous pouvez décliner à l'infini le tiramisu en variant les ingrédients de base.

La crème

La crème traditionnelle est réalisée à base de mascarpone, de jaunes d'œufs et de blancs d'œufs battus en neige. Toutefois, vous pouvez alléger cette base en utilisant de la ricotta. De même, vous pouvez remplacer un quart du mascarpone par de la crème fraîche épaisse. De nombreuses recettes de ce livre intègrent déjà ces alternatives.

Le mascarpone est un fromage italien que vous trouverez sans difficulté dans vos magasins, sous forme de pot. Sa consistance est compacte, plus épaisse que celle de la crème fraîche, mais reste facile à travailler. Le mascarpone est fabriqué à partir de lait de vache, sa couleur est presque jaune.

La ricotta est un fromage issu de la même région italienne que le mascarpone : le Piémont et la Lombardie. Il est fait à partir de petit-lait de brebis. Sa texture est très légère bien qu'irrégulière. Vous pouvez en user et en abuser pour alléger vos tiramisus en remplaçant une partie du mascarpone par la même quantité de ricotta. Le goût de la ricotta étant très neutre, sa présence n'altérera pas la saveur de vos desserts.

La brousse peut être préparée à base de lait de chèvre ou de lait de brebis. Ce fromage vient de Provence et son goût bien que discret est un peu plus fort que celui de la ricotta. Utilisez-la avec parcimonie.

Les biscuits

N'hésitez pas à varier les biscuits pour vos tiramisus.

Les biscuits à la cuiller et les boudoirs sont les alliés traditionnels du tiramisu, mais vous pouvez les remplacer par n'importe quel biscuit sec. Voici la liste de mes coups de cœur.

Biscuits roses de Reims. Pourquoi sont-ils roses ? Parce qu'ils sont teintés avec du carmin, un colorant naturel. La consistance de ces biscuits est très proche de celle des biscuits à la cuiller. Vous pouvez les imbiber dans le liquide de votre choix, ils ont la réputation de ne jamais se déliter.

Spéculoos. C'est LE biscuit belge. Son goût de cannelle se marie parfaitement avec une tasse de café. Ce célèbre biscuit contient également du clou de girofle, du gingembre, de la muscade et de l'anis.

Navettes. Elles sont le symbole de la chandeleur pour les Marseillais. Ce biscuit est parfumé à l'eau de fleur d'oranger. Utilisez-les pour les tiramisus aux fruits d'été : pêche, nectarine, fruits rouges.

Croquants aux amandes. Il s'agit d'une spécialité du Tarn, et plus particulièrement du magnifique village de Cordes-sur-Ciel, depuis le XVIIe siècle. Ce biscuit à base d'amandes était cuit après le pain.

Les liquides

De même que vous variez les biscuits, pensez à modifier le liquide dans lequel vous allez les plonger. En effet, le traditionnel café ne se marierait pas du tout avec une navette à l'eau de fleur d'oranger ni avec une crème aux fruits de la passion.

Vous pouvez tremper les biscuits dans des sirops que vous aurez dilués avec de l'eau, des jus de fruits, mais aussi des liqueurs et des alcools digestifs à base de fruits. N'hésitez pas à flamber les liqueurs et les digestifs afin qu'il n'y ait plus d'alcool. Seul leur parfum demeurera.

Pensez à verser le liquide dans un récipient creux, afin de pouvoir immerger totalement le biscuit. Le temps de trempage doit être bref, car sinon le biscuit se délite.

the Tiramisu,
page 10

Tiramisu
Pas à pas

Apprenez la maîtrise du tiramisu et ses premières déclinaisons.

Pour 4 personnes
Recette facile
Recette raisonnable
Préparation : 15 minutes
Repos : 4 heures

Ingrédients
3 œufs
100 g de sucre en poudre
1 gousse de vanille
200 g de mascarpone
50 g de crème fraîche épaisse
24 biscuits à la cuiller
50 cl de café noir froid
15 g de cacao amer.

the Tiramisu

1. Séparez les blancs des jaunes. Battez les jaunes d'œufs avec le sucre jusqu'à ce que le mélange blanchisse.
2. Fendez la gousse de vanille dans le sens de la longueur et grattez l'intérieur avec la pointe d'un couteau, au- dessus de votre préparation, mélangez.
3. Incorporez petit à petit le mascarpone et la crème fraîche en fouettant.
4. Montez les blancs en neige et incorporez-les délicatement à la préparation à l'aide d'une spatule.
5. Mouillez rapidement les biscuits dans le café. Tapissez le fond du moule avec les biscuits.
6. Recouvrez d'une couche de crème. Continuez en alternant une couche de biscuits avec une couche de crème.
7. Terminez par une couche de crème et saupoudrez de cacao.
8. Mettez au frais 4 heures au minimum.

C'est ma grand-mère qui fait le meilleur tiramisu au monde... Malheureusement, je n'ai pas l'occasion d'aller la voir tous les jours. C'est pour cette raison que je lui ai chipé sa recette !

PS : excuse-moi Mamie, mais il est vraiment trop bon ton tiramisu.

Pour 4 personnes
Recette facile
Recette chère
Préparation : 15 minutes
Repos : 4 heures

Ingrédients
20 cl de cognac
100 g de mascarpone
50 g de crème fraîche épaisse
100 g de ricotta
80 g de sucre en poudre
2 sachets de sucre vanillé
1 gousse de vanille
24 biscuits à la cuiller.

Tiramisu sans œuf à la vanille

1. Faites tiédir le cognac dans une casserole et faites-le flamber. Laissez refroidir.
2. Mélangez intimement le mascarpone, la crème fraîche, la ricotta et les sucres.
3. Fendez la gousse de vanille dans le sens de la longueur et grattez l'intérieur avec la pointe d'un couteau, au- dessus de votre préparation, mélangez.
4. Mouillez rapidement les biscuits dans le cognac. Tapissez le fond du moule avec les biscuits.
5. Recouvrez d'une couche de crème. Continuez en alternant une couche de biscuits avec une couche de crème. Terminez par une couche de crème.
6. Mettez au frais 4 heures au minimum.

Cette recette sans œuf reste légère grâce à la ricotta. La consistance de ce tiramisu est assez proche du cheesecake, ce qui est assez surprenant. Attention à ne pas trop en manger sous prétexte que ce dessert est fondant et léger à la fois...

Pour 4 personnes
Recette difficile
Recette peu coûteuse
Préparation : 20 minutes
Repos : 4 heures

Ingrédients
175 g de mascarpone
50 g de fromage blanc lisse
50 g de crème de marrons
4 marrons glacés brisés
1 gousse de vanille
1 sachet de sucre vanillé
40 g de sucre en poudre
Biscuits à la cuiller
15 cl de cognac.

Tiramisu crème de marrons

1. Mélangez le mascarpone avec le fromage blanc. Prélevez un tiers de ce mélange. Ajoutez la crème de marrons à ce tiers ainsi que les brisures de marrons glacés. Réservez.
2. Fendez la gousse de vanille en deux. Grattez les graines. Incorporez-les aux deux tiers de crème restants. Ajoutez le sucre vanillé et le sucre.
3. Mouillez la moitié des biscuits avec le cognac. Déposez-les au fond de votre plat. Récouvrez avec la crème aux marrons.
4. Mouillez le reste des biscuits et déposez-les sur la crème aux marrons. Recouvrez avec la crème à la vanille.
5. Mettez au frais 4 heures au minimum.

Au moment de servir, vous pouvez décorer avec des brisures de marrons glacés.

Ça, c'est le dessert préféré de mon amoureux, mais comme je tiens à sa ligne je ne le lui sers pas après une tartiflette ou un cassoulet… mais plutôt après un plat léger ou une grande salade.

Pour 4 personnes
Recette facile
Recette chère
Préparation : 20 minutes
Repos : 4 heures

Ingrédients
2 œufs
100 g de sucre en poudre
175 g de mascarpone
75 g de ricotta
4 cuil. à soupe d'écorces d'orange confite en morceaux
24 spéculoos
20 cl de Grand Marnier
2 oranges non traitées.

Tiramisu tout orange

1. Séparez les blancs des jaunes. Battez les jaunes d'œufs avec le sucre jusqu'à ce que le mélange blanchisse.
2. Incorporez petit à petit le mascarpone et la ricotta en fouettant.
3. Montez les blancs en neige et incorporez-les délicatement à la préparation à l'aide d'une spatule. Ajoutez les morceaux d'écorce d'orange confite.
4. Mouillez rapidement les spéculoos dans le Grand Marnier. Tapissez le fond du moule avec les biscuits.
5. Recouvrez d'une couche de crème. Continuez en alternant une couche de biscuits avec une couche de crème. Terminez par une couche de crème.
6. Mettez au frais 4 heures au minimum.

Au moment de servir, coupez les oranges en rondelles et couvrez-en le plat.

Tiramisu
crème de marrons

Pour 4 personnes
Recette très facile
Recette économique
Préparation : 20 minutes
Cuisson : 2 minutes
Repos : 4 heures + 12 heures

Ingrédients
1 cuil. à soupe de graines de lavande
8 cuil. à soupe de miel liquide
2 yaourts de brebis
150 g de mascarpone
24 biscuits à la cuiller
Pistaches non salées.

Tiramisu miel & lavande

1. La veille, portez 30 cl d'eau à ébullition. Jetez les graines de lavande et laissez bouillir 2 minutes. Couvrez et laissez infuser hors du feu.
2. Le lendemain, faites chauffer le miel à feu doux dans une casserole. Quand le miel est devenu malléable, ajoutez le yaourt de brebis et mélangez intimement à l'aide d'un fouet. Hors du feu, incorporez le mascarpone au fouet.
3. Filtrez les graines de lavande et récupérez l'eau infusée. Mouillez rapidement les biscuits dans l'infusion de lavande. Tapissez le fond du moule avec les biscuits.
4. Recouvrez d'une couche de crème. Continuez en alternant une couche de biscuits avec une couche de crème. Terminez par une couche de crème.
5. Mettez au frais 4 heures au minimum.
6. Au moment de servir, décorez de graines de lavande et d'éclats de pistaches.

Pour 4 personnes
Recette très facile
Recette peu coûteuse
Préparation : 15 minutes
Repos : 4 heures

Ingrédients
2 œufs
50 g de sucre roux
1 sachet de sucre vanillé
200 g de mascarpone
50 g de ricotta
16 biscuits à la cuiller
15 cl de jus de framboise
10 cl de pineau des Charentes
Quelques framboises.

Tiramisu pineau des Charentes & framboises

1. Séparez les blancs des jaunes d'œufs. Battez les jaunes avec le sucre et le sucre vanillé jusqu'à ce que le mélange blanchisse. Incorporez le mascarpone et la ricotta au fur et à mesure avec un fouet.
2. Montez les blancs en neige et incorporez-les délicatement avec une spatule à la préparation.
3. Mouillez la moitié des biscuits avec le jus de framboise et déposez-les au fond de chaque verre. Recouvrez d'une couche de crème.
4. Mouillez le reste des biscuits dans le pineau des Charentes et déposez-les dans les verres. Couvrez du reste de crème. Décorez avec des framboises fraîches.
5. Mettez au frais 4 heures au minimum.

Si vous n'avez pas de jus de framboise, écrasez 100 g de framboises dans un chinois, au-dessus d'un bol. Délayez avec un peu d'eau de source si le jus de framboise vous paraît trop épais.

Tiramisu miel & lavande

Tiramisu chocolat noir & menthe

Pour 4 personnes
Recette difficile
Recette peu coûteuse
Préparation : 20 minutes
Repos : 4 heures

Ingrédients
100 g de chocolat noir avec des éclats de fèves
50 g de sucre en poudre
150 g de mascarpone
3 blancs d'œufs
100 g de biscuit à la cuiller
10 cl de liqueur de menthe
Une pincée de sel.

1. Faites fondre le chocolat au bain-marie. Réservez.
2. Mélangez le sucre et le mascarpone. Incorporez délicatement le chocolat fondu.
3. Montez les blancs d'œufs en neige avec le sel. Incorporez délicatement les blancs à la préparation à l'aide d'une spatule en bois.
4. Diluez la liqueur de menthe avec 10 cl d'eau de source. Mouillez les biscuits dans ce mélange. Déposez-les au fond des verres. Recouvrez avec la préparation au chocolat.
5. Mettez au frais 4 heures au minimum.

Tiramisu léger aux mirabelles

Pour 4 personnes
Recette facile
Recette peu coûteuse
Préparation : 25 minutes
Cuisson : 7 minutes
Repos : 4 heures

Ingrédients
15 cl d'alcool de mirabelle
500 g de mirabelles de Lorraine
15 g de beurre
65 g de sucre roux
150 g de mascarpone
100 g de ricotta
12 biscuits à la cuiller.

1. Versez l'alcool de mirabelle dans une casserole et faites-le tiédir. Flambez l'alcool de mirabelle et laissez refroidir.
2. Lavez les mirabelles ; coupez-les en deux et dénoyautez-les. Dans une grande casserole, versez le beurre et 15 g de sucre, faites chauffer à feu doux en mélangeant avec une spatule, jusqu'à ce que le caramel se forme. Ajoutez les mirabelles et mélangez rapidement avec la spatule. Laissez cuire 5 minutes et laissez refroidir. Mélangez intimement le reste du sucre, le mascarpone et la ricotta. Mouillez les biscuits avec l'alcool de mirabelle et déposez-les au fond du plat. Recouvrez d'une couche de crème. Répartissez une couche de mirabelles et recouvrez-la de crème.
3. Décorez la surface avec le reste de mirabelles. Placez au réfrigérateur et laissez reposer 4 heures avant de servir.

La mirabelle, c'est mon fruit préféré. Normal, je suis née en Lorraine ! Choisissez les mirabelles les plus dorées, légèrement rouges; il faut généralement attendre le mois de septembre pour en trouver des « vraies ». Celles que vous trouverez au mois d'août sont souvent encore vertes et manquent de saveur. Allez, un peu de patience...

Vous pouvez servir ce dessert avec un cocktail ultrarapide à préparer : dans chaque verre, versez un trait d'alcool de mirabelle et allongez-le avec du jus de pomme.

Tiramisu chocolat noir & menthe

Pour 4 personnes
Recette facile
Recette peu coûteuse
Préparation : 20 minutes
Repos : 4 heures

Ingrédients
2 pommes granny smith
4 tiges de rhubarbe rose
10 g de beurre
100 g de sucre en poudre
2 meringues nature
175 g de mascarpone
75 g de ricotta
24 biscuits à la cuiller
25 cl de jus de pomme.

Tiramisu pommes & rhubarbe

1. Épluchez et coupez les pommes et la rhubarbe en petits morceaux. Faites revenir à feu doux les morceaux de fruits avec le beurre et 10 g de sucre pendant 5 minutes. La rhubarbe doit être cuite. Laissez refroidir.
2. Réduisez la meringue en éclats. Mélangez le reste de sucre avec le mascarpone. Ajoutez petit à petit la ricotta et les éclats de meringue.
3. Tapissez le moule avec la préparation aux fruits. Mouillez rapidement les biscuits à la cuiller dans le jus de pomme. Disposez-les sur les fruits. Recouvrez avec la crème.
4. Mettez au frais 4 heures au minimum.

Pour 4 personnes
Recette très facile
Recette économique
Préparation : 15 minutes
Repos : 4 heures

Ingrédients
3 œufs
100 g de sucre en poudre
2 cuil. à café de réglisse en poudre
200 g de mascarpone
50 g de crème fraîche épaisse
24 biscuits à la cuiller
25 cl de jus de poire.

Tiramisu réglisse

1. Séparez les blancs des jaunes. Battez les jaunes d'œufs avec le sucre jusqu'à ce que le mélange blanchisse. Ajoutez la réglisse en poudre et mélangez.
2. Incorporez petit à petit le mascarpone et la crème fraîche en fouettant.
3. Montez les blancs en neige et incorporez-les délicatement à la préparation à l'aide d'une spatule.
4. Mouillez rapidement les biscuits dans le jus de poire. Tapissez le fond du moule avec les biscuits.
5. Recouvrez d'une couche de crème. Continuez en alternant une couche de biscuits avec une couche de crème. Terminez par une couche de crème.
6. Mettez au frais 4 heures au minimum.

Vous pouvez ajouter 2 poires coupées en petits dés et revenues à la poêle avec 10 g de beurre. Incorporez-les à la crème ou, alors, répartissez-les entre deux couches de crème. Les poires apporteront un petit croquant rafraîchissant.

Tiramisu réglisse

Tiramisu citron,
page 28

Tiramisu

Collection été

Après toutes ces délices,
rien de tel qu'une sieste
sous la tonnelle.

Pour 4 personnes
Recette facile
Recette peu coûteuse
Préparation : 15 minutes
Repos : 4 heures

Ingrédients
3 citrons non traités
4 branches de basilic
3 œufs
75 g de sucre en poudre
150 g de mascarpone
50 g de ricotta
50 g de crème fraîche épaisse
24 biscuits à la cuiller
20 cl de limoncello (liqueur digestive au citron).

Tiramisu citron (le plus rafraîchissant)

1. Zestez les citrons et blanchissez les zestes 1 minute dans l'eau bouillante ; égouttez-les. Lavez et ciselez le basilic.
2. Séparez les blancs des jaunes. Battez les jaunes d'œufs avec le sucre jusqu'à ce que le mélange blanchisse.
3. Incorporez petit à petit le mascarpone, la ricotta et la crème fraîche en fouettant. Ajoutez les zestes de citron et le basilic.
4. Montez les blancs en neige et incorporez-les délicatement à la préparation à l'aide d'une spatule.
5. Mouillez rapidement les biscuits dans le limoncello. Tapissez le fond du moule avec les biscuits.
6. Recouvrez d'une couche de crème. Continuez en alternant une couche de biscuits avec une couche de crème. Terminez par une couche de crème.
7. Mettez au frais 4 heures au minimum.

La fraîcheur de ce dessert vous fera oublier les 150 g de mascarpone que vous y avez mis. À déguster quand il fait très chaud, dans un transat, quand tous les autres font la sieste. « L'avenir appartient à ceux qui se lèvent tôt », le tiramisu aussi.

Pour 4 personnes
Recette facile
Recette chère
Préparation : 15 minutes
Repos : 5 heures

Ingrédients
10 cl de kirsch
2 poivres longs
75 g de pistaches décortiquées non salées
100 g de cerises
2 œufs
75 g de sucre en poudre
10 cl de sirop de pistache
225 g de mascarpone
12 biscuits à la cuiller.

Tiramisu pistaches & cerises

1. Dans une casserole, versez le kirsch, 15 cl d'eau et 2 poivres longs. Portez à ébullition 2 minutes et laissez infuser 1 heure hors du feu.
2. Hachez grossièrement les pistaches. Dénoyautez et coupez les cerises en morceaux. Conservez-en quelques-unes pour la décoration.
3. Fouettez énergiquement les jaunes d'œufs avec le sucre en poudre et le sirop de pistache jusqu'à ce que le mélange blanchisse. Ajoutez le mascarpone puis les éclats de pistaches.
4. Battez les blancs d'œufs en neige fermement. Incorporez-les délicatement à la préparation précédente.
5. Coupez les biscuits à la cuiller de façon qu'ils puissent rentrer dans les verres. Faites-les tremper dans le kirsch. Répartissez-les dans le fond de chaque verre.
6. Répartissez la moitié de la crème à la pistache. Disposez les morceaux de cerises. Recouvrez avec le reste de la crème.
7. Mettez au frais 4 heures au minimum.

Au moment de servir, décorez avec les cerises.

Pour 4 personnes
Recette facile
Recette peu coûteuse
Préparation : 15 minutes
Repos : 4 heures

Ingrédients
2 citrons verts non traités
3 nectarines
50 g de pistaches décortiquées non salées
175 g de mascarpone
75 g de ricotta
100 g de sucre roux
100 g de biscuits à la cuiller.

Tiramisu nectarine & citron vert

1. *Zestez et pressez les citrons verts. Épluchez et détaillez les nectarines en quartiers. Coupez la moitié des nectarines en petits dés et mixez le reste en purée.*
2. *Mixez grossièrement les pistaches.*
3. *Mélangez le mascarpone, la ricotta, la purée de nectarine et le sucre. Ajoutez les zestes de citron vert et les éclats de pistache.*
4. *Mouillez les biscuits dans le jus de citron vert. Déposez-les au fond des verres. Recouvrez avec la moitié de la préparation. Disposez les morceaux de nectarines et recouvrez avec le reste de la préparation.*
5. *Mettez au frais 4 heures au minimum.*

Décorez de zestes de citron vert et d'éclats de pistaches au moment de servir.

Pour 4 personnes
Recette facile
Recette chère
Préparation : 15 minutes
Repos : 4 heures

Ingrédients
500 g de fruits rouges frais : mûres, framboises, groseilles, cassis
3 œufs
100 g de sucre en poudre
250 g de mascarpone
24 croquants aux amandes
20 cl de kirsch
Sel.

Tiramisu fruits rouges

1. Lavez les fruits rouges ; réservez-les sur un papier absorbant.
2. Fouettez les jaunes d'œufs avec le sucre jusqu'à ce que le mélange blanchisse. Ajoutez le mascarpone.
3. Battez les blancs en neige avec une pincée de sel. Incorporez-les délicatement à la préparation avec une spatule en bois.
4. Mouillez la moitié des croquants avec le kirsch. Tapissez le fond des verres. Répartissez la moitié des fruits rouges. Recouvrez avec la moitié de la crème.
5. Mouillez le reste des croquants et déposez-les sur la crème. Répartissez le reste des fruits rouges et recouvrez avec la crème.
6. Mettez au frais 4 heures au minimum.

Décorez de feuilles de menthe fraîche au moment de servir.

Tiramisu mangue, page 37
Tiramisu fruits rouges

Pour 4 personnes
Recette difficile
Recette peu coûteuse
Préparation : 20 minutes
Repos : 4 heures

Ingrédients
75 g de sucre en poudre
10 cl de sirop de melon
175 g de mascarpone
25 g de sésame noir
50 g de brousse
1 melon
150 g de navettes
(biscuits à la fleur d'oranger)
10 cl d'eau de fleur d'oranger.

Tiramelon

1. Fouettez le sucre avec le sirop de melon pendant 1 minute. Ajoutez le mascarpone et le sésame noir. Incorporez délicatement la brousse.
2. Coupez le melon en petits dés. Répartissez-les dans le fond du plat en prenant soin d'en garder pour la décoration. Recouvrez avec la moitié de la crème au mascarpone.
3. Mouillez les navettes dans l'eau de fleur d'oranger diluée dans 10 cl d'eau de source. Déposez-les sur la première couche de crème. Recouvrez avec le reste de la crème.
4. Mettez au frais 4 heures au minimum.

Décorez de dés de melon et de graines de sésame au moment de servir.

Pour 4 personnes
Recette facile
Recette peu coûteuse
Préparation : 15 minutes
Repos : 4 heures

Ingrédients
2 œufs
10 cl de sirop d'anis
80 g de sucre roux
150 g de mascarpone
50 g de crème fraîche épaisse
20 biscuits à la cuiller
1 dose d'apéritif anisé
Graines d'anis.

Tiramisu des calanques

1. Battez les jaunes d'œufs avec le sirop d'anis et le sucre. Ajoutez le mascarpone et la crème fraîche.
2. Montez les blancs en neige. Incorporez-les délicatement au mascarpone à l'aide d'une spatule.
3. Mouillez la moitié des biscuits dans l'apéritif anisé dilué avec sept fois son volume d'eau. Disposez-les dans le fond d'un verre.
4. Répartissez la moitié de la crème au mascarpone dans les verres. Mouillez le reste des biscuits. Recouvrez du reste de la crème.
5. Mettez au frais 4 heures au minimum.

Décorez de graines d'anis au moment de servir.

Tiramisu sans œuf
à la vanille, page 11

Tiramisu
des calanques

Tiramisu chocolat blanc
& fruits rouges, page 32

Tiramisu pulpe de figues, *page 33*

Tiramisu chocolat blanc & fruits rouges

Pour 4 personnes
Recette facile
Recette chère
Préparation : 20 minutes
Repos : 4 heures

Ingrédients
100 g de chocolat blanc
1 barquette de framboises fraîches
50 g de sucre en poudre
150 g de mascarpone
3 blancs d'œufs
10 cl de jus de cranberry
10 cl de jus de fraise
100 g de biscuit à la cuiller
Sel.

1. Faites fondre le chocolat au bain-marie. Réservez. Triez et lavez les framboises. Réservez sur une feuille de papier absorbant.
2. Mélangez le sucre et le mascarpone. Incorporez délicatement le chocolat fondu.
3. Montez les blancs d'œufs en neige avec une pincée de sel. Incorporez délicatement les blancs à la préparation à l'aide d'une spatule en bois.
4. Mélangez le jus de cranberry et le jus de fraise dans un récipient. Mouillez les biscuits dans ce mélange. Déposez-les au fond des verres. Recouvrez avec une première couche de préparation au chocolat. Répartissez les framboises et recouvrez du reste de préparation au chocolat.
5. Mettez au frais 4 heures au minimum. Servez chaque part avec une framboise.

Le cranberry est un fruit rouge acidulé que l'on trouve de plus en plus facilement en France ; les Anglais en sont de grands consommateurs. Si vous ne trouvez pas de jus de cranberry, remplacez-le par du jus de cerise.

Pour 4 personnes
Recette très facile
Recette peu coûteuse
Préparation : 15 minutes
Repos : 4 heures

Ingrédients
8 figues violettes fraîches
6 cuil. à soupe de miel
125 g de mascarpone
100 g de ricotta
12 navettes
10 cl d'eau de fleur d'oranger.

Tiramisu pulpe de figues

1. *Prélevez la chair des figues et réduisez-la en purée, passez-la au tamis ou au chinois pour enlever un maximum de grains.*
2. *Mélangez le miel et le mascarpone. Ajoutez petit à petit la ricotta. Incorporez la purée de figues.*
3. *Mouillez les navettes dans l'eau de fleur d'oranger diluée avec 10 cl d'eau de source. Déposez-les au fond des verres. Recouvrez avec la crème au miel et à la figue.*
4. *Mettez au frais 4 heures au minimum.*

Tiramisu rose, rose, rose, *page 36*

Tiramisu

Haute voltige

Maniez le batteur électrique et
les textures comme un pro.

Pour 4 personnes
Recette facile
Recette chère
Préparation : 10 minutes
Repos : 4 heures

Ingrédients
2 œufs
50 g de sucre en poudre
10 cl de sirop à la rose
75 g de crème fouettée
150 g de mascarpone
150 g de biscuits roses de Reims
25 cl de jus de litchi
250 g de framboises fraîches.

Tiramisu rose, rose, rose

1. *Faites blanchir les jaunes d'œufs avec le sucre et le sirop à la rose à l'aide d'un fouet. Ajoutez petit à petit la crème fouettée puis le mascarpone.*
2. *Montez en neige les blancs d'œufs. Incorporez-les délicatement à l'aide d'une spatule.*
3. *Mouillez les biscuits roses de Reims dans le jus de litchi. Déposez-les au fond de vos ramequins.*
4. *Répartissez la moitié de la crème à la rose. Disposez des framboises fraîches en prenant soin d'en garder pour la décoration. Répartissez le reste de la crème.*
5. *Mettez au frais 4 heures au minimum.*

Décorez de framboises fraîches au moment de servir.

Pour 4 personnes
Recette difficile
Recette peu coûteuse
Préparation : 20 minutes
Repos : 4 heures

Ingrédients
1 mangue bien mûre
50 g de crème fouettée
2 œufs
75 g de sucre roux
150 g de mascarpone
Une pincée de sel
100 g de biscuits à la cuiller
15 cl de liqueur de litchi.

Tiramisu mangue

1. *Épluchez la mangue, retirez la chair à l'aide d'un couteau. Mixez la chair avec la crème fouettée.*
2. *Fouettez les jaunes d'œufs avec le sucre roux jusqu'à ce que le mélange devienne blanc et mousseux. Incorporez la mangue mixée. Ajoutez le mascarpone.*
3. *Montez les blancs d'œufs en neige bien ferme avec une pincée de sel. Incorporez délicatement à la préparation.*
4. *Mouillez la moitié des biscuits à la cuiller avec la liqueur de litchi. Déposez-les au fond du verre.*
5. *Répartissez la moitié de la crème à la mangue. Mouillez le reste des biscuits et déposez-les dans les verres.*
6. *Répartissez la crème à la mangue.*
7. *Mettez au frais 4 heures au minimum.*

Vous pouvez décorer les verres avec des morceaux d'ananas, de papaye, etc., dans un esprit « cocktail ».

Tiramisu thé matcha & chocolat noir

Pour 4 personnes
Recette difficile
Recette chère
Préparation : 15 minutes
Repos : 4 heures
Cuisson : 10 minutes

Ingrédients
50 g de chocolat noir
2 œufs
30 g de sucre en poudre
50 cl de crème fouettée
250 g de mascarpone
2 cuil. à café de thé matcha en poudre
12 biscuits à la cuiller
25 cl de jus de clémentine
5 cl de Grand Marnier.

1. Faites fondre le chocolat au bain-marie. Réservez.
2. Faites blanchir 1 jaune d'œuf avec la moitié du sucre à l'aide d'un fouet. Ajoutez petit à petit la moitié de la crème fouettée puis la moitié du mascarpone. Incorporez délicatement le chocolat fondu. Réservez au frais.
3. Faites blanchir le second jaune d'œuf avec le reste du sucre à l'aide d'un fouet. Ajoutez petit à petit le reste de la crème fouettée puis le reste du mascarpone. Incorporez le thé matcha. Réservez au frais.
4. Coupez les biscuits de façon qu'ils puissent rentrer dans vos verres.
5. Versez le jus de clémentine et le Grand Marnier dans une assiette à soupe et mélangez. Faites tremper rapidement la moitié des biscuits dans le liquide. Déposez-les aussitôt dans le fond des verres.
6. Répartissez la crème de mascarpone au chocolat dans chaque verre jusqu'à mi-hauteur.
7. Faites tremper rapidement le reste des biscuits dans le liquide. Déposez-les aussitôt sur la crème au chocolat.
8. Répartissez la crème de mascarpone au thé matcha jusqu'à 1 cm du haut des verres.
9. Mettez au frais pendant 4 heures au minimum.

Vous pouvez décorer vos verres avec des formes en chocolat noir, en faisant fondre du chocolat noir au bain-marie et en dessinant les formes que vous souhaitez obtenir sur une feuille rhodoïd.

Pour 4 personnes
Recette facile
Recette peu coûteuse
Préparation : 10 minutes
Repos : 4 heures

Ingrédients
2 pommes granny smith
Le jus de 1 citron
3 œufs
100 g de sucre en poudre
225 g de mascarpone
75 g de ricotta
15 cl de Manzana
16 spéculoos.

Tiramisu pommes & spéculoos

1. Lavez et coupez les pommes en petits dés. Mélangez le jus de citron avec les dés de pomme. Égouttez les dés de pomme et réservez le jus.
2. Séparez les blancs des jaunes. Faites blanchir les jaunes d'œufs avec le sucre à l'aide d'un fouet. Ajoutez petit à petit le mascarpone puis la ricotta. Incorporez la moitié de la Manzana et les morceaux de pomme.
3. Mélangez le jus de citron que vous aviez réservé avec le reste de Manzana. Émiettez grossièrement les spéculoos. Répartissez-les dans vos verres. Arrosez du mélange jus de citron-Manzana. Recouvrez avec la crème à la ricotta et au mascarpone.
4. Mettez au frais pendant 4 heures au minimum.

La ricotta est un fromage frais dont le goût est assez neutre et qui a une consistance très légère, très aérée. En remplaçant une partie du mascarpone par de la ricotta, vous allégerez votre tiramisu.

Pour 4 personnes
Recette difficile
Recette économique
Préparation : 15 minutes
Repos : 4 heures

Ingrédients
2 oranges non traitées
250 g de mascarpone
50 g de brousse
100 g de sucre roux
25 cl de jus d'orange
1 pain d'épice en tranches.

Tiramisu orange & pain d'épice

1. Prélevez le zeste des oranges. Faites-les blanchir 1 minute dans l'eau bouillante. Émincez-les et réservez sur du papier absorbant.
2. Mélangez délicatement le mascarpone et la brousse. Incorporez le sucre et les zestes d'orange. Réservez au frais.
3. Pelez à vif les oranges. Coupez-les en rondelles.
4. À l'aide d'un rouleau à pâtisserie, aplatissez doucement la moitié des tranches de pain d'épice. Dans un grand plat en verre, dressez les tranches de pain d'épice sur le côté, comme pour une charlotte. Les tranches doivent se chevaucher légèrement.
5. Recouvrez le fond du plat du reste de tranches de pain d'épice, après les avoir fait tremper très rapidement dans le jus d'orange.
6. Étalez une couche de crème de mascarpone à la brousse sur le pain d'épice, puis recouvrez de rondelles d'orange. Renouvelez l'opération une fois.
7. Mettez au frais pendant 4 heures au minimum.

Vous pouvez ajouter un trait de Cointreau dans le jus d'orange.

Tiramisu façon tarte au citron,
page 46

Tiramisu fruits de la passion, *page 47*

Tiramisu façon tarte au citron

Pour 4 personnes
Recette difficile
Recette chère
Préparation : 20 minutes
Cuisson : 1 heure
Repos : 4 heures

Ingrédients
2 œufs
100 g de sucre glace
1 cuil. à café de vinaigre blanc
1/2 cuil. à café de fécule de maïs
3 citrons non traités
150 g de mascarpone
50 g de ricotta
75 g de sucre en poudre
8 palets bretons
100 g de lemon curd
Sel.

1. *Préparez la meringue : montez les blancs d'œufs en neige avec une pincée de sel jusqu'à ce qu'ils soient très fermes. Incorporez le sucre glace. Versez le vinaigre et saupoudrez de fécule de maïs. Mélangez délicatement à la main.*
2. *Sur une plaque recouverte de papier sulfurisé, déposez les blancs d'œufs en petits tas en les espaçant. Faites cuire 1 heure environ à 150 °C (th. 5). Laissez refroidir.*
3. *Préparez la crème au citron : prélevez le zeste des citrons. Cassez la meringue en gros éclats.*
4. *Mélangez le mascarpone et la ricotta avec le sucre en poudre. Incorporez les zestes de citron et les éclats de meringue en prenant soin d'en garder une partie pour la décoration. Mélangez délicatement.*
5. *Cassez les palets bretons en morceaux. Dans chaque verre, répartissez des éclats de palets bretons, puis une couche de lemon curd, et enfin une couche de crème au citron.*
6. *Mettez au frais 4 heures au minimum. Au moment de servir, décorez avec des éclats de meringue et des zestes de citron.*

Le lemon curd est une pâte à tartiner qui nous vient de Grande-Bretagne. Cette préparation à base de citron peut vous servir de base pour vos desserts, comme pour une tarte au citron express. Vous la trouverez en supermarché ou dans les épiceries fines. Faites attention à ne pas tomber dedans…

Pour 4 personnes
Recette difficile
Recette chère
Préparation : 15 minutes
Repos : 4 heures

Ingrédients
2 tiges de citronnelle
3 œufs
50 g de lait concentré sucré
200 g de mascarpone
4 fruits de la passion
24 biscuits à la cuiller
50 cl de thé au jasmin.

Tiramisu fruits de la passion

1. *Parez les tiges de citronnelle et hachez-les le plus finement possible. Faites-les blanchir 1 minute à l'eau bouillante.*
2. *Séparez les blancs des jaunes. Battez les jaunes d'œufs avec le lait concentré sucré pendant 3 minutes.*
3. *Incorporez petit à petit le mascarpone en fouettant. Coupez les fruits de la passion en deux et récupérez la chair avec une cuillère. Incorporez la citronnelle et la chair des fruits de la passion délicatement avec une spatule, en aérant la préparation.*
4. *Montez les blancs en neige et incorporez-les délicatement à la préparation à l'aide d'une spatule.*
5. *Mouillez rapidement les biscuits dans le thé. Tapissez le fond du moule avec les biscuits.*
6. *Recouvrez d'une couche de crème. Continuez en alternant une couche de biscuits avec une couche de crème. Terminez par une couche de crème.*
7. *Mettez au frais 4 heures au minimum.*

Tiramisu caramel
(au beurre salé, évidemment)

Pour 4 personnes
Recette difficile
Recette économique
Préparation : 25 minutes
Repos : 4 heures

Ingrédients
70 g de sucre en poudre
2 cuil. à soupe de crème fraîche
50 g de beurre demi-sel
100 g de mascarpone
150 g de ricotta
12 biscuits à la cuiller
1 cuil. à soupe d'extrait de vanille.

1. Versez le sucre dans une casserole avec 4 cuillerées à soupe d'eau. Faites chauffer à feu doux jusqu'à ce que le caramel se forme. Versez la crème fraîche et mélangez rapidement. Incorporez le beurre en plusieurs fois.
2. Dans un grand bol, mélangez délicatement le mascarpone avec la ricotta. Incorporez le caramel petit à petit.
3. Coupez les biscuits de façon qu'ils puissent rentrer dans vos verres.
4. Délayez l'extrait de vanille dans 25 cl d'eau dans une assiette à soupe. Mouillez rapidement la moitié des biscuits dans l'eau aromatisée. Déposez-les au fond de chaque verre.
5. Répartissez la crème au caramel dans chaque verre jusqu'à mi-hauteur.
6. Mouillez rapidement le reste des biscuits. Déposez-les sur la crème.
7. Répartissez le reste de la crème dans chacun des verres.
8. Mettez au frais pendant 4 heures au minimum.

Quand vous servez les tiramisus au verre, il est parfois difficile de répartir de façon harmonieuse la crème sur les biscuits. N'hésitez pas à utiliser une poche à douille pour gagner du temps et embellir votre dessert.

Tiramisu myrtilles façon pancakes, *page 52*

Tiramisu
Plein la vue

Pour les maîtres ès tiramisu,
associez l'expertise de la technique
à la créativité des saveurs.

Tiramisu myrtilles façon pancakes

Pour 4 personnes
Recette facile
Recette chère
Préparation : 50 minutes
Cuisson : 5 minutes
Repos : 6 heures

Pour les pancakes
12 g de beurre
125 g de farine de blé
1/2 sachet de levure chimique
10 g de sucre en poudre
25 cl de lait
1 cuil. à soupe de crème fraîche épaisse
1 œuf
Sel.

Pour le tiramisu
150 g de myrtilles
175 g de mascarpone
100 g de sucre roux
75 g de ricotta
20 cl de sirop d'érable.

1. Préparez les pancakes : faites fondre le beurre. Dans un saladier, mélangez tous les ingrédients secs et formez un puits. Versez le beurre fondu, le lait, la crème fraîche et le jaune d'œuf. Battez à l'aide d'un fouet.
2. Battez le blanc en neige avec une pincée de sel et incorporez-le à la préparation. Couvrez le saladier d'un torchon propre et laissez gonfler 2 heures.
3. Faites cuire dans une poêle à pancake antiadhésive légèrement beurrée ou huilée.
4. Préparez le tiramisu : écrasez grossièrement les myrtilles avec une fourchette. Mélangez le mascarpone avec le sucre roux. Ajoutez petit à petit la ricotta et les myrtilles écrasées.
5. Tapissez le fond du moule avec des pancakes. Mouillez les pancakes avec du sirop d'érable. Recouvrez d'une couche de crème aux myrtilles.
6. Procédez à la deuxième couche : déposez des pancakes, versez du sirop d'érable. Recouvrez de crème.
7. Mettez au frais 6 heures au minimum.

Conseil : utilisez un couteau long bien aiguisé pour découper le tiramisu.

Pour 4 personnes
Recette difficile
Recette peu coûteuse
Préparation : 15 minutes
Repos : 4 heures

Ingrédients
6 cuil. à soupe de confiture de melon
60 g de petit-suisse
1 petit melon
150 g de mascarpone
100 g de croquants aux amandes
8 cuil. à soupe de vinaigre balsamique.

Tiramisu melon & vinaigre balsamique

1. Mélangez la confiture de melon avec les petits-suisses. Ajoutez petit à petit le mascarpone.
2. Préparez le melon en retirant les graines à l'aide d'une cuillère. Coupez en quartiers puis retirez la peau et détaillez la chair en petits dés. Incorporez les dés de melon à la préparation.
3. Mouillez rapidement les croquants dans le vinaigre balsamique. Déposez-les au fond de votre plat.
4. Recouvrez les biscuits avec la préparation au melon.
5. Mettez au frais 4 heures au minimum.

Si vous vous demandez pourquoi je mets du vinaigre balsamique dans mon tiramisu, c'est que vous ne connaissez pas mon amoureux. Il a deux passions : moi et le vinaigre balsamique. Je dois reconnaître qu'il a eu raison de me faire goûter les croquants aux amandes trempés dans du vinaigre balsamique, car il m'a inspiré cette recette.

Pour 4 personnes
Recette difficile
Recette peu coûteuse
Préparation : 30 minutes
Repos : 4 heures

Ingrédients
80 g de courge
3 œufs
100 g de sucre roux
200 g de mascarpone
2 cuil. à soupe d'écorces d'orange confites en morceaux
100 g de spéculoos
15 cl de Grand Marnier
Sel.

Tiramisu pumpkin

1. Épluchez et coupez la courge en petits dés. Faites cuire les dés de courge à la vapeur 7 à 10 minutes. Laissez refroidir puis écrasez les dés de courge avec une fourchette.
2. Fouettez les jaunes d'œufs avec le sucre. Ajoutez le mascarpone puis la purée de courge et les morceaux d'écorce d'orange confites.
3. Battez les blancs d'œufs en neige avec une pincée de sel. Incorporez-les délicatement à la préparation avec une spatule en bois.
4. Mouillez rapidement les spéculoos dans le Grand Marnier. Tapissez le fond du moule avec les spéculoos. Recouvrez d'une couche de crème puis de courge. Continuez en alternant une couche de biscuits trempés dans le Grand Marnier avec une couche de crème et de courge.
5. Terminez par une couche de crème.
6. Mettez au frais 4 heures au minimum.

Tiramisu d'hiver et varié

Pour 4 personnes
Recette difficile
Recette chère
Préparation : 15 minutes
Cuisson : 30 minutes
Repos : 4 heures

Ingrédients
2 poires Williams
50 cl de vin rouge (anjou, bourgogne)
1 bâton de cannelle
1 étoile de badiane
2 gousses de cardamome
4 clous de girofle
130 g de sucre en poudre
225 g de mascarpone
1 cuil. à café d'extrait d'amande amère
75 g de ricotta
150 g de croquants aux amandes.

1. Épluchez les poires en prenant soin de garder la queue. Réservez.
2. Faites chauffer le vin rouge à feu doux avec les épices et 50 g de sucre. À frémissement, ajoutez les poires. Faites pocher les poires 30 minutes. Retirez les poires de la casserole et laissez refroidir.
3. Mélangez le mascarpone avec l'extrait d'amande amère et le reste du sucre. Incorporez délicatement la ricotta.
4. Coupez les poires en dés. Mouillez les croquants dans le vin épicé. Disposez-les au fond des verres. Recouvrez d'une couche de crème à l'amande amère.
5. Répartissez les dés de poire dans chaque verre. Recouvrez d'une couche de crème.
6. Mettez au réfrigérateur 4 heures au minimum.

Faites tremper un peu plus longtemps les croquants si vous voulez qu'ils perdent leur croquant.

Pour 4 personnes
Recette facile
Recette peu coûteuse
Préparation : 10 minutes
Repos : 4 heures

Ingrédients
2 œufs
50 g de sucre en poudre
10 cl de sirop au sureau
75 g de crème fraîche épaisse
150 g de mascarpone
24 biscuits roses de Reims
20 cl de jus de pomme.

Tiramisu au sureau

1. Faites blanchir les jaunes d'œufs avec le sucre et le sirop de sureau à l'aide d'un fouet. Ajoutez petit à petit la crème fraîche épaisse puis le mascarpone.
2. Montez en neige les blancs d'œufs. Incorporez-les délicatement à l'aide d'une spatule.
3. Mouillez les biscuits roses de Reims dans le jus de pomme. Déposez-les au fond de vos ramequins.
4. Répartissez la moitié de la crème. Ajoutez une couche de biscuits roses préalablement trempés dans le jus de pomme. Répartissez le reste de la crème.
5. Mettez au frais 4 heures au minimum.

Décorez de baies de cassis au moment de servir.

Pour 4 personnes
Recette facile
Recette chère
Préparation : 10 minutes
Repos : 4 heures

Ingrédients
1 citron vert non traité
175 g de mascarpone
75 g de sucre de canne
50 g de ricotta
2 fruits de la passion
100 g de biscuits à la cuiller
15 cl de rhum.

Tiramisu rhum

1. Zestez le citron vert.
2. Mélangez le mascarpone avec le sucre et les zestes de citron vert. Ajoutez la ricotta.
3. Prélevez la chair des fruits de la passion, incorporez-les au mélange à l'aide d'un fouet.
4. Mouillez les biscuits à la cuiller avec le rhum. Déposez-les au fond des ramequins. Répartissez la crème aux fruits de la passion.
5. Mettez au frais 4 heures au minimum.

Tiramisu au sureau

Pour 4 personnes
Recette difficile
Recette chère
Préparation : 30 minutes
Repos : 4 heures

Ingrédients
2 cm de gingembre
12 kumquats
75 g de sucre en poudre
175 g de mascarpone
75 g de ricotta
100 g de biscuits à la cuiller
20 cl de jus de fraise.

Tiramisu gingembre & kumquats

1. Épluchez et râpez le gingembre. Lavez et coupez les kumquats en rondelles les plus fines possible.
2. Faites chauffer à feu doux 20 g de sucre avec 10 cl d'eau. À ébullition, faites confire les rondelles de kumquat 15 minutes. Retirez du feu et laissez refroidir les rondelles dans une assiette.
3. Mélangez le mascarpone avec la ricotta. Ajoutez le reste du sucre, le gingembre râpé et les kumquats confits.
4. Mouillez la moitié des biscuits dans le jus de fraise. Déposez-les au fond des verres. Recouvrez avec la moitié de la crème au gingembre et aux kumquats. Mouillez le reste des biscuits et déposez-les dans les verres. Recouvrez avec le reste de la crème.
5. Mettez au frais 4 heures au minimum.

Au moment de servir, vous pouvez décorer les verres avec des rondelles de kumquats confits.

« Des kum-quoi ? » comme dirait ma tante… Le kumquat est un tout petit agrume, sa peau est fine et sa chair, très acidulée. Vous pouvez en acheter en épicerie spécialisée ou au rayon fruits exotiques de votre grande surface.

Tiramisu crème de coco,
page 62

Tiramisu pommes & coriandre, *page 63*

Pour 4 personnes
Recette facile
Recette peu coûteuse
Préparation : 15 minutes
Repos : 4 heures

Ingrédients
2 œufs
80 g de sucre de canne
200 g de mascarpone
20 cl de crème de coco
1 grande boîte d'ananas en morceaux
24 biscuits à la cuiller
1 cuil. à café de cannelle en poudre
Noix de coco râpée.

Tiramisu crème de coco

1. *Séparez les blancs des jaunes. Battez les jaunes d'œufs avec le sucre jusqu'à ce que le mélange blanchisse.*
2. *Incorporez petit à petit le mascarpone et la crème de coco en fouettant.*
3. *Montez les blancs en neige et incorporez-les délicatement à la préparation à l'aide d'une spatule.*
4. *Ouvrez la boîte d'ananas et récupérez le jus. Mouillez rapidement les biscuits dans le jus des ananas. Tapissez le fond du moule avec les biscuits.*
5. *Recouvrez d'une couche de crème puis d'ananas en morceaux. Continuez en alternant une couche de biscuits avec une couche de crème et d'ananas en morceaux.*
6. *Terminez par une couche de crème et saupoudrez de cannelle en poudre et de noix de coco râpée. Décorez d'un quartier d'ananas.*
7. *Mettez au frais 4 heures au minimum.*

Attention : la crème de coco est plus épaisse que le lait de coco. Vous en trouverez sous forme de petites briques, dans les épiceries spécialisées ou au rayon « produits exotiques » de votre grande surface. Dans cette recette, ne remplacez pas la crème par du lait de coco, sinon votre crème sera trop liquide et votre tiramisu ne tiendra pas.

Pour 4 personnes
Recette facile
Recette peu coûteuse
Préparation : 30 minutes
Repos : 4 heures

Ingrédients
3 pommes
4 branches de coriandre fraîche
10 g de beurre
2 œufs
100 g de sucre en poudre
175 g de mascarpone
75 g de crème fraîche épaisse
20 cl de jus de pomme
5 cl de calvados (facultatif)
24 biscuits à la cuiller.

Tiramisu pommes & coriandre

1. Épluchez les pommes et coupez-les en dés. Lavez et ciselez la coriandre. Faites revenir les pommes 7 à 10 minutes à feu doux avec le beurre, laissez refroidir. Ajoutez la coriandre et mélangez.
2. Séparez les blancs des jaunes. Battez les jaunes d'œufs avec le sucre jusqu'à ce que le mélange blanchisse. Incorporez petit à petit le mascarpone et la crème fraîche en fouettant.
3. Montez les blancs en neige et incorporez-les délicatement à la préparation à l'aide d'une spatule.
4. Mélangez le jus de pomme et le calvados dans un récipient. Mouillez rapidement les biscuits dans ce mélange. Tapissez le fond du moule avec les biscuits.
5. Recouvrez d'une couche de crème. Répartissez les dés de pommes à la coriandre. Continuez en alternant une couche de biscuits avec une couche de crème.
6. Terminez par une couche de crème.
7. Mettez au frais 4 heures au minimum.

Tiramisu fraises & poivron rouge

Pour 4 personnes
Recette difficile
Recette chère
Préparation : 20 minutes
Cuisson : 25 minutes
Repos : 4 heures

Ingrédients
50 g de farine
70 g de sucre glace
30 g d'amande en poudre
50 g de poudre de pistache non salée
4 blancs d'œufs
150 g de beurre
1 poivron rouge
250 g de fraises
75 g de ricotta
175 g de mascarpone
100 g de sucre en poudre.

1. *Dans un grand bol, mélangez la farine, le sucre glace, la poudre d'amande et la poudre de pistache. Incorporez les blancs des œufs. Battez pendant 3 à 5 minutes jusqu'à ce que le mélange soit ferme.*
2. *Faites fondre à feu doux le beurre. Ajoutez-le à la préparation en mélangeant bien pendant 5 minutes avec une cuillère en bois. Versez la préparation sur une lèchefrite recouverte de papier sulfurisé. Étalez la pâte à l'aide d'une spatule sur 1 à 2 cm d'épaisseur. Faites cuire 15 minutes à 210°C (th. 7). Laissez refroidir sur une grille. Découpez 8 disques de la taille de vos verres à sangria, réservez.*
3. *Parez le poivron, huilez la peau du poivron à l'aide d'un pinceau. Mettez-le sous le gril du four côté peau vers le haut pendant 5 à 10 minutes. Retirez la peau noircie du poivron. Mixez le poivron avec les fraises. Mélangez la purée de poivron avec la ricotta, le mascarpone et le sucre. Disposez un disque de gâteau à la pistache au fond de chaque verre. Recouvrez avec la moitié de la préparation. Renouvelez l'opération. Mettez au frais 4 heures au minimum. Vous pouvez décorer ce tiramisu avec des éclats de pistaches et des feuilles de menthe fraîche au moment de servir.*

Faites comme moi, ne dites pas à vos amis (ni à votre compagnon) que vous avez préparé un tiramisu à base de poivron rouge. Laissez-les déguster et mariner pendant 30 minutes à se demander « mais quel est donc ce petit parfum que l'on sent ? ». Celui qui trouve gagne le droit de faire la vaisselle.

Table des matières

Le Tiramisu 5

Tiramisu mode d'emploi 6

Tiramisu, pas à pas 8
- *the Tiramisu* 10
- *Tiramisu sans œuf à la vanille* 11
- *Tiramisu crème de marrons* 12
- *Tiramisu tout orange* 12
- *Tiramisu miel & lavande* 14
- *Tiramisu pineau des Charentes & framboises* 14
- *Tiramisu chocolat noir & menthe* 16
- *Tiramisu léger aux mirabelles* 16
- *Tiramisu pommes & rhubarbe* 18
- *Tiramisu réglisse* 18

Tiramisu, collection été 20
- *Tiramisu citron* 22
- *Tiramisu pistaches & cerises* 23
- *Tiramisu nectarine & citron vert* 24
- *Tiramisu fruits rouges* 26
- *Tiramelon* 28
- *Tiramisu des calanques* 28
- *Tiramisu chocolat blanc & fruits rouges* 32
- *Tiramisu pulpe de figues* 33

Tiramisu, haute voltige 34
- *Tiramisu rose, rose, rose* 36
- *Tiramisu mangue* 37
- *Tiramisu thé matcha & chocolat noir* 38
- *Tiramisu pommes & spéculoos* 40
- *Tiramisu orange & pain d'épice* 42
- *Tiramisu façon tarte au citron* 46
- *Tiramisu fruits de la passion* 47
- *Tiramisu caramel* 48

Tiramisu, plein la vue 50
- *Tiramisu myrtilles façon pancakes* 52
- *Tiramisu melon & vinaigre balsamique* 53
- *Tiramisu pumpkin* 53

■ *Tiramisu d'hiver et varié* 54
■ *Tiramisu au sureau* 56
■ *Tiramisu rhum* 56
■ *Tiramisu gingembre & kumquats* 58
■ *Tiramisu crème de coco* 62
■ *Tiramisu pommes & coriandre* 63
■ *Tiramisu fraises & poivron rouge* 64